BEI GRIN MACHT SICH IHR WISSEN BEZAHLT

- Wir veröffentlichen Ihre Hausarbeit, Bachelor- und Masterarbeit

- Ihr eigenes eBook und Buch - weltweit in allen wichtigen Shops

- Verdienen Sie an jedem Verkauf

Jetzt bei www.GRIN.com hochladen und kostenlos publizieren

Bibliografische Information der Deutschen Nationalbibliothek:

Die Deutsche Bibliothek verzeichnet diese Publikation in der Deutschen National-
bibliografie; detaillierte bibliografische Daten sind im Internet über http://dnb.d-
nb.de/ abrufbar.

Impressum:

Copyright © 2018 GRIN Verlag
Druck und Bindung: Books on Demand GmbH, Norderstedt Germany
ISBN: 9783346142030

Dieses Buch bei GRIN:

https://www.grin.com/document/520747

Anonym

Grundlagen im Sport- und Vereinsrecht. Haftung, Arbeitsrecht und steuerliche Aspekte

GRIN Verlag

GRIN - Your knowledge has value

Der GRIN Verlag publiziert seit 1998 wissenschaftliche Arbeiten von Studenten, Hochschullehrern und anderen Akademikern als eBook und gedrucktes Buch. Die Verlagswebsite www.grin.com ist die ideale Plattform zur Veröffentlichung von Hausarbeiten, Abschlussarbeiten, wissenschaftlichen Aufsätzen, Dissertationen und Fachbüchern.

Deutsche Hochschule für

Prävention und Gesundheitsmanagement

Hermann Neuberger Sportschule 3

66123 Saarbrücken

Einsendeaufgabe

Fachmodul:	Sport- und Vereinsrecht
Studiengang:	Sportökonomie
Studienort:	**Stuttgart**
Semester:	**WS16**

Inhaltsverzeichnis

1 Grundlagen Sport- und Vereinsrecht

1.1 Beurteilung wirtschaftlicher Verein anhand Struktur, Organigramm und Satzung

Der RasenBallsport Leipzig e.V. hat einen direkten Bezug zu ihrem Sponsor und dem Unternehmen Red Bull GmbH. Diesen engen Bezug zum Unternehmen zeigt zum einen die Struktur des Fußballclubs. Die durch die Mitgliederversammlung gewählten Organe des Vereins, wie den Vorstand und den Ehrenrat sind sowohl im Verein als auch in der GmbH in den Führungspositionen vertreten. Die Ziele der GmbH werden durch die identische Besetzung von Führungspositionen in der GmbH und des Vereins gesichert. Dem Auszug der Satzung, sowie dem Organigramm sind zu entnehmen, dass in der Mitgliederversammlung lediglich sieben bis elf ordentliche Mitglieder stimmberechtigt sind, was einer Stimmrechtseingrenzung entspricht. Dadurch wird die Wahl des Ehrenrats und der Vorstandschaft weitestgehend kontrolliert. Die ordentlichen Mitglieder sind alleinig an der Vereinsarbeit und Vereinsgestaltung beteiligt. Die gesamte Struktur des RasenBallsport Leipzig e.V. hat eine unternehmerische Anlehnung in der Führungsebene, sowie in der operativen Ebene. Die Red Bull GmbH und der Verein RasenBallsport Leipzig e.V. sind durch übergehende Grenzen miteinander verbunden, was nicht nur die Struktur des Vereins, sondern auch die Satzung beschützt. Durch die Personengleichheit im Verein und im Unternehmen werden die Wirtschafts- und Marketingziele der Red Bull GmbH geschützt. Unter diesem Punkt ist festzustellen, dass nach Struktur und Satzung, der RasenBallsport Leipzig e.V. kein idealtypischer Verein, sondern lediglich ein Marketinginstrument der Red Bull GmbH ist und somit wirtschaftliche Ziele verfolgt werden.

1.2 Beurteilung wirtschaftlicher Verein anhand GuV

Bei Betrachtung der GuV des RasenBallsport Leipzig e.V. ist zum einen auffallend, dass die Aufwendung aus dem Profibereich, welche in erster Linie den Aufwendungspunkten „Personal Spielbetrieb" und „Transfer" beinhaltet, in beiden Jahren jeweils über 40 Prozent der gesamten Aufwendungen entspricht. Die meisten Geldmittel fließen in den bezahlten Sport, was dem Zweck der Gemeinnützigkeit nicht entspricht. Darüber hinaus wird aber neben dem Profisport, sowohl der Jugend- und Amateursport gefördert. Die Förderung des Amateursports liegt jedoch lediglich bei unter acht Prozent der gesamten Aufwendungen. Dadurch erhält sich der RasenBallsport Leipzig e.v. seinen Status als gemeinnütziger Verein, da eine Förderung vorliegt (Jäck, 2012, S. 349). Auffallend in der GuV auf der Seite der Erträge sind die hohen Erträge durch Werbung. Dieser Bereich macht den größten Anteil an Erträgen in beiden Jahren aus und ist eine wesentlich größere Einnahmequelle als der Spielertrag. Damit der Zweck der Selbstlosigkeit weiterhin erfüllt bleibt, müssen die Einnahmen aus dem wirtschaftlichen Geschäftsbereich neben dem professionellen Sport auch die Amateur- und Jugendmannschaften gefördert und unterhalten werden. Die wirtschaftlichen Zwecke dürfen jedoch nicht der Hauptzweck des Vereins sein. Der Verein profitiert hierbei von einer großzügigen Auslegung der Abgabenordnung (Jäck, 2012, S. 350). Im idealtypischen Verein ergeben sich die meisten Einnahmen aus dem ideellen Bereich und dem Zweckbetrieb. Der RasenBallsport Leipzig e.V. erzielt jedoch die meisten Einnahmen aus dem wirtschaftlichen Geschäftsbereich.

1.3 Beurteilung wirtschaftlicher Verein anhand Schreibweise, Logo, Sponsoring und Homepage

Bei Betrachtung der Außendarstellung des Vereins zeigen sich die meisten Gemeinsamkeiten mit ihrem Hauptsponsor der Red Bull GmbH.

Die Schreibweise des Vereins mit einem großen „R" und einem großen „B", sowie die gängige Kurzform „RB" entspricht den Anfangsbuchstaben der Red Bull GmbH. Dadurch wird der Sponsor bei jeder Nennung des Vereins RB Leipzig mit ihm in Verbindung gebracht. Dem Sponsor war demnach sehr wichtig, dass durch den Namen des Vereins der Bezug zur GmbH und ihrem Produkt sofort hergestellt wird.

Das Logo des Vereins spiegelt im Kern das Logo des Unternehmens wieder. Die Red Bull GmbH zeichnet sich durch den gelben Kreis und die zwei roten Bullen aus. Beide Hauptelemente sind ebenso im Vereinslogo enthalten. Lediglich der Name RB Leipzig, sowie ein Fußball wurden ergänzt. Des Weiteren ist bei Betrachtung des Logos die identische Schrift der Abkürzung „RB" und dem Markenlogo „Red Bull" auffällig.

Die Vereinsfarben entsprechen den Unternehmensfarben und werden sowohl im Logo, auf den Trikots als auch auf der Homepage sichtbar. Die Homepage des Vereins ist sehr deutlich in den Vereins- und Unternehmensfarben gehalten. Das Sponsoringengagement der Red Bull GmbH umfasst jeden Bereich des Vereins der nach außen hin, darstellbar ist. Es wird deutlich, dass das Unternehmen den Verein für wirtschaftliche Zwecke nutzt.

1.4 Konsequenzen

Die Konsequenz des Vereins für einen nicht gemeinnützigen Sinn ist eine rückwirkende Besteuerung des Vereins, da er als wirtschaftlicher Verein einzustufen ist und dadurch keinerlei Begünstigungen mehr erhält. Dies kann im schlimmsten Falle zu einem finanziellen Ruin des Vereins führen. Bei einem entsprechenden Verstoß des Vereins gegen die Vorschriften des Gemeinnützigkeitsrechts, kann es zu Nachzahlungen kommen, da zum Beispiel im Zweckbetrieb beim idealtypischen Verein ein ermäßigter Steuersatz von sieben Prozent anfällt, bei einer Anerkennung als wirtschaftlicher Bereich kommt es zum Standardsatz von 19 Prozent. Rückwirkend können Steuern von bis zu zehn Jahren anfallen (Dehesselles & Bragrock, 2012, S. 45).

1.5 Zusammenfassung

Durch den RasenBallsport Leipzig e.V. verfolgt die Red Bull GmbH wirtschaftliche Ziele. Dadurch wird der eigentliche Zweck des Vereins in den Hintergrund gerückt. Die enge Zusammenarbeit mit dem Sponsor des Vereins spielt hierbei eine wichtige Rolle. Der RasenBallsport Leipzig widerspricht dadurch dem Zwecke der Gemeinnützigkeit, dies hat zur Folge, dass er als wirtschaftlicher Verein angesehen wird. Die Struktur des Vereins zeichnet keine idealtypische Gestaltung des Vereins auf.

1.6 Strukturelle Veränderung des RasenBallsport Leipzig e. V.

Zum Ende des Jahres 2014 wurde auf einer außerordentlichen Mitgliederversammlung von den anwesenden 14 stimmberechtigten Mitgliedern einstimmig abgestimmt, dass die Profimannschaft sowie die Nachwuchsmannschaften bis zur U16 in eine Spielbetriebs GmbH ausgegliedert werden. Neben den stimmberechtigten Mitgliedern waren außerdem 40 Förder-Mitglieder anwesend, welche jedoch keine Stimmrechte besitzen. Die neue Struktur von RB Leipzig entspricht einer GmbH, mit dem Geschäftsführer

Oliver Mintzlaff an der Spitze. Das Stammkapital der GmbH liegt zu 99 Prozent bei der Red Bull GmbH und zu einem Prozent beim eingetragenen Verein.

Die Ausgliederung wurde vollzogen um zum einen professioneller aufgestellt zu sein und dadurch konkurrenzfähig zu bleiben. Zum anderen wurde die Ausgliederung vorgenommen, dass man aus der rechtlichen Grauzone tritt. Die Ausgliederung wurde in eine GmbH vorgenommen, damit der Einfluss der Gesellschafter gesichert ist. Ein weiterer Grund für eine Ausgliederung ist die Steigerung der Attraktivität für Geldgeber und strategischer Partner (WELT, 2014).

2 Haftung im Sport

2.1 Haftung – Teil I

Thomas → Eisbären Berlin e.V. auf Erstattung der Behandlungskosten

AGL: § 280 I BGB i.V.m. § 31 BGB

a) Schuldverhältnis → Kaufvertrag durch den Kauf des Tickets

b) Pflichtverletzung → trifft zu, Unterlassung der Netzkontrolle durch Friedrich
   Zurechnung der Unterlassung von Friedrich zum Verein gemäß § 31 BGB

   aa) Friedrich = Vorstandsmitglied

   bb) keine private Tätigkeit, da Überprüfung der Netze = Hauptamtliche Arbeit

c) Vertreten müssen → Fahrlässigkeit, da nur noch gelegentliche kontrolliert wurde

d) Kausal verursachter Schaden → trifft zu, Puck verursacht die Gesichtsverletzung

e) Schaden → schwere Gesichtsverletzung von Thomas

→ Anspruch Thomas → Eisbären Berlin e.V. gemäß § 280 I BGB i.V.m. § 31 BGB

Thomas kann den Ersatz der Behandlungskosten vom Verein nach der Anspruchsgrundlagen § 280 I BGB in Verbindung mit § 31 BGB verlangen.

2.2 Haftung – Teil II

Sauerland Event GmbH → Klaus auf Schadensersatz

AGL: § 823 I BGB

a) Rechtsgutverletzung → trifft nicht zu, da Klaus kein Rechtsgut im Zusammenhang mit der Sauerland Event GmbH verletzt und Arthur Abraham nicht das Eigentum der GmbH ist

→ Kein Anspruch Sauerland Event GmbH → Klaus gemäß § 823 I BGB

Die Sauerland Event GmbH kann keinen Anspruch auf den Ersatz des Schadens von Klars nach der Anspruchsgrundlage § 823 I BGB verlangen.

2.3 Haftung – Teil III

Meier → Schmidt auf Erstattung der Behandlungskosten

AGL: § 823 I BGB

a) Rechtsgutverletzung → Körperverletzung und der Gesundheit

b) Verletzungshandlung → Grätsche zwischen das Bein von Meier

c) Haftungsbegründete Kausalität → liegt vor, ohne Foul keine Verletzung

d) Rechtswidrigkeit → liegt vor, da keine Rechtfertigungsgründe vorhanden sind

e) Verschulden → grob fahrlässig, da ohne Ballbesitz grob gefoult wurde

f) Schaden → Verletzung von Meier

→ Anspruch Meier → Schmidt gemäß § 823 BGB

Der Spieler Meier kann nach der Anspruchsgrundlage § 823 I BGB den Ersatz seiner Behandlungskosten vom Spieler Schmidt verlangen. Allerdings handelt es sich hierbei um einen speziellen Fall. Beim Fußball handelt es sich um eine Kontakt- und eine Risikosportart, das heißt es finden immer wieder Zweikämpfe mit Gegnereinwirkung statt. Es finden demnach auch immer wieder Fouls statt, solange sich diese in einer angemessenen Härte befinden, so kommt es im Fußball zu keiner Haftung. Sobald es sich allerdings um grobe Fahrlässigkeit handelt, wie bei einem groben Foulspiel ohne Ballbesitz, wie im hier beschriebenen Beispiel, macht er sich haftbar. Demnach kann man als Fußballer für rüdes und rücksichtsloses Einsteigen mit Verletzungsfolge zivilrechtlich haftbar gemacht werden. Die größte Schwierigkeit im Amateursport ist jedoch die Beweisbarkeit. Es gibt keine Kameraaufnahmen, sondern lediglich Zeugenaussagen der Spieler und Zuschauer. Dies macht es sehr schwierig zu entscheiden, ob ein Foul nun grob fahrlässig oder nicht war. Die Chancen des Spielers Meier auf Schadensersatz sind demnach nicht einzuschätzen, da sie weitestgehend auf die Aussagen der anderen Spieler, der Zuschauer und des Schiedsrichters beruhen.

3 „Arbeitsrecht" im Sport

3.1 „Arbeitsrecht"/Sozialversicherungsrecht – Fall I

Henry S. ist als Selbstständiger anzusehen, da er keinem Weisungs- und Direktionsrecht unterliegt und in Bezug auf Zeit, Dauer, und Ort frei ist. In diesem Beispiel liegt ein Dienstvertrag vor, da es sich um einen versprochenen Dienst handelt. Nach § 84 Absatz 1 Satz 2 HGB werden außerdem selbstständige Dienste erbracht, da er im Wesentlichen seine Tätigkeit frei gestalten und seine Arbeitszeit bestimmen kann. Henry S. wird nach § 611 BGB durch den Dienstvertrag zur Leistung der versprochenen Dienste und der Kraftsportverein zur Gewährung der vereinbarten Vergütung verpflichtet. Der Gegenstand dieses Dienstvertrages ist die Leistung als selbstständiger Ringkampfsportler.

3.2 „Arbeitsrecht"/Steuerrecht – Fall II

Die Spieler sind in diesem Beispiel als Arbeitnehmer einzustufen, da sie ihrem Verein zur Leistung von weisungsgebundener und fremdbestimmter Arbeit in persönlicher Abhängigkeit nach § 611a BGB verpflichtet sind. Im Arbeitsrecht ist ein mündlicher Arbeitsvertrag bindend und damit rechtsgültig, da die Spieler mit dem Verein eine mündliche Vereinbarung getroffen haben. Die Spieler unterliegen außerdem einem Weisungsrecht in Bezug zum Ort, Zeit und der Durchführung ihrer Tätigkeit Fußball. Ein Arbeitsvertrag liegt demnach vor, da ein unselbstständiger Dienst erbracht wird.

3.3 „Arbeitsrecht"/Sozialversicherungsrecht – Fall III

Tristan R. ist als Arbeitnehmer einzustufen, da er nach § 611a BGB in Bezug auf den Inhalt, die Durchführung, die Zeit und den Ort seiner Trainertätigkeit weisungsgebunden ist. Er ist ebenso dazu verpflichtet, weisungsgebunden und fremdbestimmt Arbeit in persönlicher Abhängigkeit Dienste zu leisten. Er ist persönlich abhängig, da er im Wesentlichen nicht seine Tätigkeit frei gestalten kann und ebenso seine Arbeitszeit selbst bestimmen kann. Außerdem hat Tristan R. die Rechte eines Arbeitnehmers, wie das Recht auf Urlaub. Er leistet entgeltliche Arbeit und jedoch keine selbstständige Arbeit, deshalb liegt ein Arbeitsvertrag nach § 611a BGB vor.

4 Sponsoringvertrag

Sponsoringvertrag

zwischen

der Adams & Meier GmbH

vertreten durch den Geschäftsführer Klaus Adams (Marienstraße 8, 66346 Musterstadt)

-nachfolgend „**Sponsor**" genannt-

und

dem Leichtathletikverein „Lauftreff-Freunde Köllertal e.V.",

vertreten durch den Vorstand M. W. (Musterstraße 58, 66346 Musterstadt)

-nachfolgend „**Gesponserter**" genannt-

wird folgender Sponsoringvertrag geschlossen:

Präambel

Der Gesponserte ist Ausrichter der jährlich stattfindenden Straßenlauf-Serie, dem „Saar-LaufCup", welche von Mai bis August stattfindet. Zum genannten Event werden nebst regionalen auch fünf nationale und drei internationale Spitzenläufer teilnehmen. Als Ausrichter verfügt der Gesponserte über jegliche Werbe- und Marketingrechte.

Der Sponsor tritt beim Event als Hauptsponsor auf. Der Sponsor ist Hersteller hochwertiger Sportartikel für den Breiten- und Spitzensport und vertreibt diese national. Der Sponsor erfüllt mit dem Sponsoring den Zweck des positiven Imagetransfers.

Dies vorausgeschickt, schließen die Parteien folgenden Vertrag:

§ 1 Leistungen des Sponsors

(1) Der Sponsor verpflichtet sich, an den Gesponserten zum Zwecke der Durchführung der geplanten Straßenlauf-Serie in vier Teilbeträgen zu den jeweiligen Stadtläufen einen Gesamtbeitrag in Höhe von insgesamt 200.000 Euro zuzüglich der auf die jeweiligen Teilbeträge anfallenden gesetzlichen Umsatzsteuer in der zum Zeitpunkt geltenden Höhe zu zahlen. Der Gesamtbetrag wird zu gleichen Teilen auf die jeweiligen Stadtläufe verteilt. Die Teilbeträge sind eine Woche im Voraus der jeweiligen Läufe durch den Sponsor zu zahlen. Die Zahlung hat auf das bei der Sparkasse Saarbrücken (BLZ 59050101) für den Gesponserten geführte Konto (DE47 5905 0101 0101 0101 01) zu erfolgen. Entscheidend ist das Datum des Zahlungseingangs auf dem Konto des Gesponserten.

(2) Der Sponsor verpflichtet sich darüber hinaus, an den Gesponserten einmalig zum Zwecke von Marketingmaßnahmen der geplanten Straßenlauf-Serie einen Betrag in Höhe von 20.000 Euro zuzüglich der gesetzlichen Umsatzsteuer in der zum Zeitpunkt der Zahlung geltenden Höhe zu zahlen. Die Zahlung ist am 02.04.2019 fällig. Sie hat auf das bei der Sparkasse Saarbrücken (BLZ xxxxxxxx) für den Gesponserten geführte Konto (DE47 xxxx 0101 0101 0101 01) zu erfolgen. Entscheidend ist das Datum des Zahlungseingangs auf dem Konto des Gesponserten.

(3) Der Sponsor verpflichtet sich, an den Gesponserten für eine Zuschauerzahl von mehr als 20.000 pro Lauf einen weiteren einmaligen Betrag in Höhe von 10.000 Euro und für eine Zuschauerzahl von 15.000 – 20.000 einen weiteren einmaligen Betrag in Höhe von 5.000 Euro, jeweils zuzüglich der darauf anfallenden gesetzlichen Umsatzsteuer in der zum Zeitpunkt geltenden Höhe zu bezahlen. Die weitere einmalige Zahlung ist 10 Tage nach dem Zugang des schriftlichen Nachweises der offiziellen Zuschauerzahlen durch den Gesponserten bei dem Sponsor fällig und hat auf das bei der Sparkasse Saarbrücken (BLZ xxxxxxxx) für den Gesponserten geführte Konto (DE47 xxxx 0101 0101 0101 01) spätestens bis zum 20.09.2019 zu erfolgen.

(4) Kommt der Sponsor mit einer Zahlung mehr als zwei Wochen in Verzug, so ist er ab diesem Zeitpunkt zur Zahlung von Verzugszinsen in Höhe von 5 Prozentpunkten über dem Basiszinssatz auf den ab diesem Zeitpunkt jeweils geschuldeten und fälligen Betrag verpflichtet. Die Geltendmachung eines weiteren Schadens durch den Gesponserten ist ausgeschlossen, soweit er auf dem Verzug beruht.

(5) Der Sponsor verpflichtet sich, dem Gesponserten bis spätestens 15.04.2019 aus seinem aktuellen Produktionsprogramm als Sportartikelhersteller einmalig für jeden Läufer, ein paar passende Sportsocken, Sporthose, ein Laufshirt sowie eine Sporttasche zur Verfügung stellen. Die zur Verfügung gestellten Produkte dürfen die Teilnehmer im Anschluss der Straßenlauf-Serie behalten.

§ 2 Leistungen des Gesponserten

(1) Als Gegenleistung für die Leistungen des Sponsors gemäß § 1 erbringt der Gesponserte die nachfolgend aufgezählten Leistungen:

(2) Der Gesponserte räumt den Sponsor das Recht ein, während der Veranstaltung und den vor deren Beginn liegenden zwei Wochen im Rahmen seiner

inländischen Marktkommunikation, insbesondere auf Plakaten, in Pressemitteilungen, in Geschäftsberichten und Firmenzeitschriften, in Anzeigen sowie in Kundenmitteilungen und auf seiner Website und auf seinen Produkten, das Prädikat „Offizieller Sponsor des Saar-LaufCup" zu nutzen.

(3) Außerdem räumt der Gesponserte dem Sponsor das Recht ein, im Umfeld der Veranstaltung durch die Markierung von Organisationsmitteln, Banden und Ausrüstungsgegenständen, das Aufstellen von Fahnen, das Anbringen von Spannbändern im Ziel- und Startbereich der jeweiligen Rennen, sowie das Aufstellen von einem Informationszelt, in der Nähe des Eingangs, werbend für sich tätig zu werden. Alle hierdurch bedingten Kosten gehen zu Lasten des Sponsors. Die genannten Maßnahmen dürfen den Ablauf und den Charakter der Events nicht beeinträchtigen und sind zuvor mit dem Gesponserten abzustimmen. Art, Umfang, Ort und Zeit der einzelnen werblichen Maßnahmen sind bis zum 20.04.2019 dem Gesponserten vorzulegen, dass dies zur Abstimmung gebracht wird. Der Sponsor verpflichtet sich, seine Werbemittel bis spätestens zwei Tage vor den entsprechenden Läufen anzubringen, das Informationszelt bis zu diesem Zeitpunkt aufzustellen. Es gilt dem Sponsor schriftlich zu bestätigen, dass die Ausgestaltung und Platzierung der Werbemittel und des Informationszeltes den vertraglichen Vereinbarungen entspricht. Kommt der Sponsor diesen Verpflichtungen nicht nach, so sind alle etwaigen Ansprüche gegen den Gesponserten im Zusammenhang mit der Ausgestaltung und Platzierung von Werbemitteln sowie dem Aufstellen des Informationszeltes ausgeschlossen.

(4) Der Gesponserte wird bei jeder Durchsage und Ehrung in noch festzulegender Weise auf die Förderung durch den Sponsor hinweisen, Durchsagen mit der aktuellen Werbemelodie des Sponsors unterlegen und den Namen sowie das Logo des Sponsors während der Dauer der Veranstaltung auf den Anzeigetafeln einblenden. Die hierzu erforderlichen Medien wird der Sponsor auf seine Kosten anfertigen lassen und dem Gesponserten bis spätestens 10 Tage vor Beginn der Veranstaltung zur Verfügung stellen.

§ 3 Gefahrtragung und Leistungsstörung

(1) Im Falle einer Gefahrtragung und eines Ausfalles eines Laufs, so erhält der Sponsor den anteiligen Teilbetrag zurück. Bei Ausfall aller Läufe, aufgrund höherer Gewalt oder behördlicher Maßnahmen, so erhält der Sponsor die gesamten Teilbeträge zurück. Die bereits gesendeten Sportartikel für die Teil-

nehmer werden dem Gesponserten überlassen und dieser gibt diese an die Läufer weiter. Den Gesamtbetrag zum Zwecke der Marketingmaßnahmen für die Events, wird bei einem Ausfall einer oder mehrerer Läufen dem Gesponserten weiterhin zur Verfügung gestellt.

(2) Der Sponsor bekommt 1.000 Euro der Teilbeträge zurück, pro versprochenen nationalen beziehungsweise internationalen Spitzenläufer, der nicht an den Läufen teilnehmen kann. Sollten alle nationalen und internationalen Spitzenläufer nicht an den Läufen teilnehmen, so erhält der Sponsor den kompletten Betrag zum Zwecke des Marketings vom Gesponserten wieder zurück.

§ 4 Laufzeit

(1) Dieser Vertrag tritt mit der Unterzeichnung durch beide Vertragsparteien mit dem Datum der zuletzt geleisteten Unterschrift in Kraft.

(2) Der Vertrag ist bis zum 30.09.2019 befristet. Mit Ablauf dieses Datums endet er, ohne dass es einer Kündigung bedarf.

§ 5 Optionsrechte

Der Gesponserte räumt dem Sponsor ein Vorrecht auf den Abschluss eines weiteren Sponsoringvertrages zur nächstjährigen Straßenlauf-Serie ein und verpflichtet sich, vor Abschluss von Sponsoringverträgen mit Dritten zunächst dem Sponsor schriftlich den Abschluss eines Vertrages zu denselben Konditionen, wie mit dem Dritten ausgehandelt, anzubieten. Nimmt der Sponsor das Angebot zum Abschluss dieses Vertrages nicht binnen einer Woche nach Zugang des Angebots schriftlich an, so steht dem Gesponserten frei, den betreffenden Vertrag mit dem Dritten abzuschließen.

§ 6 Zahlungsmodalitäten

(1) Die aus §1 beschriebenen Geldmittel entsprechen verschiedener Zahlungsmodalitäten. Die vier Teilbeträge zum Zwecke der Durchführung werden unter Beachtung der Vorleistungspflicht jeweils eine Woche vor dem Lauf vom Sponsor zur Verfügung gestellt.

(2) Der Gesamtbetrag zum Zwecke von Marketing wird ebenso unter Beachtung der Vorleistungspflicht im Voraus bezahlt. Die Zahlung ist bis spätestens 02.04.2019 fällig.

(3) Die Prämie für das Erreichen von bestimmten Zuschauerzahlen wie 15.000 bis 20.000 und über 20.000 gelten als erfolgsabhängige Zahlungen, die nach Eintritt und Beweis des Erfolges durch den Gesponserten fällig sind.

§ 7 Haftungsausschluss

(1) Der Sponsor schließt dem Gesponserten gegenüber seine Haftung für jeden Schaden aus, der nicht auf einer vorsätzlichen oder grob fahrlässigen Vertragsverletzung des Sponsors oder auf einer vorsätzlichen oder grob fahrlässigen Vertragsverletzung eines gesetzlichen Vertreters oder Erfüllungsgehilfen des Sponsors beruht. Dies gilt nicht im Falle der Übernahme ausdrücklicher Garantien, für Schäden aus der Verletzung des Lebens, des Körpers oder der Gesundheit, für eine Haftung gemäß dem Produkthaftungsgesetz sowie im Falle der Verletzung von Kardinalpflichten. Im Falle der Verletzung von Kardinalpflichten haftet der Sponsor für jedes schuldhafte Verhalten seiner gesetzlicher Vertreter oder Erfüllungsgehilfen. Kardinalpflichten sind wesentliche Vertragspflichten, deren Erfüllung die ordnungsgemäße Durchführung des Vertrages überhaupt möglich und auf deren Einhaltung der Vertragspartner regelmäßig vertrauen darf. Bei einfach fahrlässiger Verletzung der Kardinalspflichten durch die gesetzlichen Vertreter oder Erfüllungsgehilfen des Sponsors ist deren Haftung auf den Betrag begrenzt, der für den Sponsor zum Zeitpunkt des Vertragsabschlusses vorhersehbar war. Eine weitere Haftung des Sponsors ist ausgeschlossen.

(2) Die Vertragsparteien sind sich einig, dass der Sponsor an der Organisation und Durchführung der gesponserten Veranstaltung nicht beteiligt ist und hierfür keine Verantwortung trägt und Dritten, insbesondere Besuchern, Teilnehmern und Lieferanten der gesponserten Veranstaltung gegenüber nicht haftet, außer es läge ein Haftungstatbestand gemäß Absatz 1 vor. Der Gesponserte ist verpflichtet, mit Dritten veranstaltungsbezogene Verträge nur abzuschließen, wenn diese einen entsprechenden Hinweis und Haftungsausschluss zugunsten des Sponsors enthalten. Dies gilt insbesondere für eine etwaige Ausschreibung der Veranstaltung, die Teilnahmebedingungen sowie die Verträge mit Besuchern und Lieferanten der gesponserten Veranstaltung. Der Gesponserte verpflichtet sich, den Sponsor von etwaigen Schadensersatzansprüchen Dritter im Zusammenhang mit diesem Vertrag – einschließlich sämtlicher Kosten der Rechtsverteidigung – freizustellen, es sei denn, sie beruhten auf einem Haftungstatbestand gemäß Absatz 1.

§ 8 Kündigungsklausel

(1) Jede Vertragspartei ist berechtigt, den Vertrag aus wichtigem Grunde fristlos zu kündigen. Ein zur fristlosen Kündigung berechtigender wichtiger Grund liegt vor, wenn

    a) die andere Vertragspartei schuldhaft gegen ihr obliegende wesentliche vertragliche Verpflichtungen, insbesondere die § 1 und § 2 niedergelegten Verpflichtungen, verstoßen hat und den Verstoß trotz Abmahnung mit angemessener Fristsetzung nicht innerhalb der gesetzten Frist abstellt. Einer vorherigen Abmahnung bedarf es nicht, wenn die andere Partei die Leistung ernsthaft und endgültig verweigert oder besondere Umstände vorliegen, die unter Abwägung der Interessen beider Vertragsparteien die sofortige Kündigung aus wichtigem Grund rechtfertigt;

    b) sich die gesponserte Veranstaltung wegen von der anderen Vertragspartei zu vertretender Umstände als undurchführbar erweist. Die Undurchführbarkeit aufgrund unvorhersehbarer und unabwendbarer Ereignisse, insbesondere aufgrund schlechter Witterung oder anderen Fällen höherer Gewalt, aufgrund den Parteien nicht bekannter behördlicher Auflagen oder gesetzlicher Verbote, berechtigt die andere Partei nicht zur Kündigung aus wichtigem Grund;

(2) Hat keine der Vertragsparteien die fristlose Kündigung zu vertreten, besteht keine Verpflichtung zur Rückgewähr der von der anderen Vertragspartei empfangenen Leistung. Dasselbe gilt, wenn beide Vertragsparteien die Kündigung zu vertreten haben.

(3) Hat eine Vertragspartei die fristlose Kündigung zu vertreten, so ist sie zur Rückgewähr der von der anderen Vertragspartei empfangenen Leistungen verpflichtet, nicht jedoch zur Rückforderung der von ihr gewährten Leistungen berechtigt. Ist die Rückgewähr wegen der Beschaffenheit der erlangten Leistungen nicht möglich oder die rückgewährpflichtige Vertragspartei aus einem anderem Grunde zur Rückgewähr außerstande, so hat sie den marktüblichen Wert der empfangenen Leistungen zu ersetzen. Der zur fristlosen Kündigung berechtigte Vertragspartei bleibt die Geltendmachung eines weiteren Schadens vorbehalten.

§ 9 Schriftformklausel

(1) Mündliche Nebenabreden wurden nicht getroffen. Alle Änderungen oder Ergänzungen dieses Vertrages bedürfen zu ihrer Wirksamkeit der Schriftform, wobei ein Briefwechsel genügt.

(2) An die andere Vertragspartei gerichtete Mitteilungen sind schriftlich abzugeben. Mitteilungen per Telefax oder E-Mail sind nur wirksam, falls die Bestätigung durch Brief unverzüglich nachfolgt.

§ 10 Gerichtsstandvereinbarung und Schiedsklausel

(1) Dieser Vertrag unterliegt hinsichtlich seines Zustandekommens und in allen seinen Wirkungen ausschließlich dem Recht der Bundesrepublik Deutschland.

(2) Nichtausschließlicher Gerichtsstand für alle sich aus oder im Zusammenhang mit diesem Vertrag ergebenden Streitigkeiten ist das Amtsgericht Saarbrücken.

§ 11 Salvatorische Klausel

Sollten einzelne Bestimmungen dieses Vertrages ganz oder teilweise unwirksam oder undurchführbar sein, so berührt das die Wirksamkeit des Vertrages im Übrigen nicht. Die Vertragsparteien verpflichten sich für diesen Fall, die unwirksame oder undurchführbare Regelung zu ersetzen, die dem wirtschaftlich gewollten Zweck der ganz oder teilweise unwirksamen oder undurchführbaren Regelung im Rahmen des Gesamtvertrages am nächsten kommt. Entsprechendes gilt für etwaige Lücken im Vertrag. Sollte der Vertragszweck mit wirksamen oder durchführbaren Regelungen nicht erzielbar sein, so ist jede Vertragspartei zur fristlosen Kündigung aus wichtigem Grund berechtigt.

_____   _____

Ort, Datum, Unterschrift Sponsor   Ort, Datum, Unterschrift Gesponserter

5 Steuerliche Aspekte im Sport- und Vereinsrecht

5.1 Steuerliche Sphären

Ideelle Sphäre:

Mitgliedsbeiträge → 18 € * 180 MG = 3.240 € * 12 = 38.880 €

Die Mitgliedsbeiträge in Höhe von 38.880 € sind dem steuerfreien ideellen Bereich zu-zuordnen, da diesen keine konkrete Gegenleistung gegenübersteht.

Vermögensverwaltung:

Verpachtung des Grundstückteils → 3.500 € * 12 = 42.000 €

Die Pachteinnahmen in Höhe von 42.000 € sind der Vermögensverwaltung zuzuordnen, da der Verein vorhandenes Vermögen nutzt.

Zweckbetrieb:

Einnahmen aus sportlichen Veranstaltungen → 42.000 €

Die Einnahmen aus Sportveranstaltungen in Höhe von 42.000 € sind dem Zweckbetrieb zuzuordnen, da sie den Zweck des Vereins erfüllen und ebenso keine bezahlten Sportler teilnehmen.

Wirtschaftlicher Geschäftsbetrieb:

Einnahmen aus der Vereinskantine → 27.000 €

Sponsoringeinnahmen → 45.000 €

Die Einnahmen aus der Kantine und des Sponsorings sind dem Wirtschaftlichen Geschäftsbetrieb zuzuordnen, da der Verein selbstständig, nachhaltig und mit Absicht versucht, Einnahmen zu erzielen. Da die Umsätze die Freigrenze von 35.000 € überschreiten, tritt die Steuerpflicht ein. Der entstehende Gewinn ist der Gewerbesteuer und Körperschaftssteuer zu unterwerfen. Es gilt nach AO, dass nur 15 % der Sponsoringeinnahmen versteuert werden müssen, was mittels einem pauschalen Abzug von 85 % erreicht wird. Von dem zu versteuernden Einkommen wird Verein ein Freibetrag von 5.000 € eingeräumt. Wenn die Einnahmen unterhalb der Freigrenze von 35.000 € bleiben, so wäre der Sportverein ertragssteuerlich befreit.

Tabelle 1: Rechnung aus dem Wirtschaftlichen Geschäftsbetrieb

Einnahmen aus der Vereinskantine	27.000 €
Sponsoringeinnahmen	45.000 €
Abzüglich der Kostenpauschale (85% von Sponsoringeinnahmen)	- 38.250 €
zu versteuerndes Einkommen	33.750 €
abzüglich des Freibetrags	- 5.000 €
	28.750 €
Gewerbesteuer (28.750 € * 3,5 % * 400 %)	4.025,00 €
Körperschaftssteuer (15%)	4.312,50 €

5.2 Umsatzsteuer

Ideeller Bereich:

Als Beispiel sind Mitgliedsbeiträge in Höhe von 100.000 € zu nennen. Alle Einnahmen und Ausgaben im Ideellen Bereich sind von der Umsatzsteuerpflicht befreit, da den Beträgen keine konkrete Gegenleistung gegenübersteht und sie der satzungsmäßigen Tätigkeit des Vereins entsprechen.

Vermögensverwaltung:

Als Beispiel sind Einnahmen aus der Verpachtung in Höhe von 20.000 € zu nennen. Alle Einnahmen und Ausgaben aus der Vermögensverwaltung sind von der Umsatzsteuerpflicht befreit, da der Verein vorhandenes Vermögenswert benutzt.

Zweckbetrieb:

Als Beispiel sind Einnahmen einer Sportveranstaltung in Höhe von 1.000 € zu nennen. Alle Einnahmen und Ausgaben im Zweckbetrieb unterliegen einer reduzierten Umsatzsteuer von 7 Prozent, wenn die Einnahmen pro Jahr 45.000 € nicht überschreiten. Wenn die Einnahmen die 45.000 € überschreiten, gilt der normale Umsatzsteuersatz von 19 Prozent. Der Zweckbetrieb ist der wirtschaftliche Geschäftsbetrieb, der dazu dient, die Satzungszwecke zu erfüllen.

Wirtschaftlicher Geschäftsbetrieb:

Als Beispiel sind Einnahmen vom Getränkeverkauf in Höhe von 20.000 € zu nennen. Alle Einnahmen und Ausgaben im wirtschaftlichen Geschäftsbetrieb unterliegen der normalen Umsatzsteuer von 19 Prozent. Der wirtschaftliche Geschäftsbetrieb ist alles, was nicht der ideelle Bereich, die Vermögensverwaltung und der Zweckbetrieb ist. Er darf nicht Hauptzweck des Vereins werden.

6 Literaturverzeichnis

Dehesselles, T., & Bragrock, C. (2012). Verinsführung - Rechtliche und steuerliche Grundlagen. In A. Galli, V.-C. Elter, R. Gömmel, W. Holzhäuser, & W. Straub, *Sportmanagement. Finanzierung und Lizenzierung, Rechnungswesen, Recht und Steuern, Controlling, Personal und Organisation, Marketing und Medien.* (2., völlig überarbeitete Aufl., S. 38-52). München: Vahlen.

Jäck, S. (2012). Ertragssteuern im Sport. In G. Nufer & A. Bühler (Hrsg.). (Sportmanagement, Bd. 1, 3., neu bearbeitete und erweiterte Aufl., S. 342-375). Berlin: Erich Schmidt.

WELT. (2014). *RB Leipzigs 14 Mitglieder stimmen für Klub-Umbau vom 02.12.2014.* Zugriff am 07.10.2018. Verfügbar unter https://www.welt.de/sport/fussball/2-bundesliga/article134955547/RB-Leipzigs-14-Mitglieder-stimmen-fuer-Klub-Umbau.html#top.

7 Tabellenverzeichnis